This
Planner Belongs To:

_____

2022

January

M	T	W	T	F	S	S
					1	2
3	4	5	6	7	8	9
10	11	12	13	14	15	16
17	18	19	20	21	22	23
24	25	26	27	28	29	30
31						

February

M	T	W	T	F	S	S
	1	2	3	4	5	6
7	8	9	10	11	12	13
14	15	16	17	18	19	20
21	22	23	24	25	26	27
28						

March

M	T	W	T	F	S	S
	1	2	3	4	5	6
7	8	9	10	11	12	13
14	15	16	17	18	19	20
21	22	23	24	25	26	27
28	29	30	31			

April

M	T	W	T	F	S	S
				1	2	3
4	5	6	7	8	9	10
11	12	13	14	15	16	17
18	19	20	21	22	23	24
25	26	27	28	29	30	

May

M	T	W	T	F	S	S
						1
2	3	4	5	6	7	8
9	10	11	12	13	14	15
16	17	18	19	20	21	22
23	24	25	26	27	28	29
30	31					

June

M	T	W	T	F	S	S
		1	2	3	4	5
6	7	8	9	10	11	12
13	14	15	16	17	18	19
20	21	22	23	24	25	26
27	28	29	30			

July

M	T	W	T	F	S	S
				1	2	3
4	5	6	7	8	9	10
11	12	13	14	15	16	17
18	19	20	21	22	23	24
25	26	27	28	29	30	31

August

M	T	W	T	F	S	S
1	2	3	4	5	6	7
8	9	10	11	12	13	14
15	16	17	18	19	20	21
22	23	24	25	26	27	28
29	30	31				

September

M	T	W	T	F	S	S
			1	2	3	4
5	6	7	8	9	10	11
12	13	14	15	16	17	18
19	20	21	22	23	24	25
26	27	28	29	30		

October

M	T	W	T	F	S	S
					1	2
3	4	5	6	7	8	9
10	11	12	13	14	15	16
17	18	19	20	21	22	23
24	25	26	27	28	29	30
31						

November

M	T	W	T	F	S	S
	1	2	3	4	5	6
7	8	9	10	11	12	13
14	15	16	17	18	19	20
21	22	23	24	25	26	27
28	29	30				

December

M	T	W	T	F	S	S
			1	2	3	4
5	6	7	8	9	10	11
12	13	14	15	16	17	18
19	20	21	22	23	24	25
26	27	28	29	30	31	

Year in Pixels

	J	F	M	A	M	J	J	A	S	O	N	D
1.												
2.												
3.												
4.												
5.												
6.												
7.												
8.												
9.												
10.												
11.												
12.												
13.												
14.												
15.												
16.												
17.												
18.												
19.												
20.												
21.												
22.												
23.												
24.												
25.												
26.												
27.												
28.												
29.												
30.												
31.												

Color Codes

Shit to Note

PERSONAL
CALENDAR

December 2021

MONDAY	TUESDAY	WEDNESDAY	THURSDAY	FRIDAY	SATURDAY	SUNDAY
		1	2	3	4	5
6	7	8	9	10	11	12
13	14	15	16	17	18	19
20	21	22	23	24	25	26
27	28	29	30	31		

IMPORTANT AS FUCK

NOTES AND SHIT

1

2

3

4

5

2021

6

7

8

9

10

11

12

13

14

15

16

17

18

19

20

21

22

23

24

25

26

27

28

29

30

31

---

3 GOALS I FUCKING CRUSHED	IMPORTANT AS HELL

RANDOM SHIT

PERSONAL
CALENDAR

 January 2022

MONDAY	TUESDAY	WEDNESDAY	THURSDAY	FRIDAY	SATURDAY	SUNDAY
					1	2
3	4	5	6	7	8	9
10	11	12	13	14	15	16
17	18	19	20	21	22	23
24	25	26	27	28	29	30
31						

IMPORTANT AS FUCK

NOTES AND SHIT

1

2

3

4

5

6

7

8

9

10

11

12

13

14

15

16

17

18

19

20

21

22

23

24

25

26

27

28

29

30

31

---

3 GOALS I FUCKING CRUSHED	IMPORTANT AS HELL

RANDOM SHIT

PERSONAL
CALENDAR

February 2022

MONDAY	TUESDAY	WEDNESDAY	THURSDAY	FRIDAY	SATURDAY	SUNDAY
	1	2	3	4	5	6
7	8	9	10	11	12	13
14	15	16	17	18	19	20
21	22	23	24	25	26	27
28						

IMPORTANT AS FUCK

NOTES AND SHIT

1

2

3

4

5

6

7

8

9

10

11

12

13

14

15

16

17

18

19

20

21

_____
_____
_____
_____

22

_____
_____
_____
_____

23

_____
_____
_____
_____

24

_____
_____
_____
_____

25

_____
_____
_____
_____

26

27

28

3 GOALS I FUCKING CRUSHED	IMPORTANT AS HELL

PERSONAL
CALENDAR

MONDAY	TUESDAY	WEDNESDAY	THURSDAY	FRIDAY	SATURDAY	SUNDAY
	1	2	3	4	5	6
7	8	9	10	11	12	13
14	15	16	17	18	19	20
21	22	23	24	25	26	27
28	29	30	31			

IMPORTANT AS FUCK

NOTES AND SHIT

Planner

March

1

2

3

4

5

2022

6

7

8

9

10

11

12

13

14

15

16

17

18

19

20

21

22

23

24

25

26

_____

_____

_____

27

_____

_____

_____

28

_____

_____

_____

29

_____

_____

_____

30

_____

_____

_____

31

3 GOALS I FUCKING CRUSHED	IMPORTANT AS HELL

RANDOM SHIT

PERSONAL
CALENDAR

April 2022

MONDAY	TUESDAY	WEDNESDAY	THURSDAY	FRIDAY	SATURDAY	SUNDAY
				1	2	3
4	5	6	7	8	9	10
11	12	13	14	15	16	17
18	19	20	21	22	23	24
25	26	27	28	29	30	

IMPORTANT AS FUCK

NOTES AND SHIT

1

2

3

4

5

6

7

8

9

10

11

12

13

14

15

PERSONAL

Planner

April

16

17

18

19

20

2022

21

22

23

24

25

26

27

28

29

30

31

---

3 GOALS I FUCKING CRUSHED	IMPORTANT AS HELL

RANDOM SHIT

PERSONAL
CALENDAR

 May 2022

MONDAY	TUESDAY	WEDNESDAY	THURSDAY	FRIDAY	SATURDAY	SUNDAY
						1
2	3	4	5	6	7	8
9	10	11	12	13	14	15
16	17	18	19	20	21	22
23	24	25	26	27	28	29
30	31					

IMPORTANT AS FUCK

NOTES AND SHIT

1

2

3

4

5

6

7

8

9

10

11

12

13

14

15

16

17

18

19

20

21

22

23

24

25

26

27

28

29

30

31

---

3 GOALS I FUCKING CRUSHED

IMPORTANT AS HELL

RANDOM SHIT

PERSONAL
CALENDAR

June 2022

MONDAY	TUESDAY	WEDNESDAY	THURSDAY	FRIDAY	SATURDAY	SUNDAY
		1	2	3	4	5
6	7	8	9	10	11	12
13	14	15	16	17	18	19
20	21	22	23	24	25	26
27	28	29	30			

IMPORTANT AS FUCK

NOTES AND SHIT

1

2

3

4

5

6

_____
_____
_____
_____

7

_____
_____
_____
_____

8

_____
_____
_____
_____

9

_____
_____
_____
_____

10

_____
_____
_____
_____

2022

11

12

13

14

15

16

17

18

19

20

21

22

23

24

25

26

27

28

29

30

You are fucking Crushing it!

3 GOALS I FUCKING CRUSHED

IMPORTANT AS HELL

RANDOM SHIT

2022

PERSONAL
CALENDAR

July 2022

MONDAY	TUESDAY	WEDNESDAY	THURSDAY	FRIDAY	SATURDAY	SUNDAY
				1	2	3
4	5	6	7	8	9	10
11	12	13	14	15	16	17
18	19	20	21	22	23	24
25	26	27	28	29	30	31

IMPORTANT AS FUCK

NOTES AND SHIT

1

2

3

4

5

6

7

8

9

10

11

12

13

14

15

16

17

18

19

20

21

22

23

24

25

26

27

28

29

30

Planner

31

---

3 GOALS I FUCKING CRUSHED	IMPORTANT AS HELL

RANDOM SHIT

2022

PERSONAL
CALENDAR

MONDAY	TUESDAY	WEDNESDAY	THURSDAY	FRIDAY	SATURDAY	SUNDAY
1	2	3	4	5	6	7
8	9	10	11	12	13	14
15	16	17	18	19	20	21
22	23	24	25	26	27	28
29	30	31				

IMPORTANT AS FUCK

NOTES AND SHIT

1

2

3

4

5

6

7

8

9

10

11

12

13

14

15

16

17

18

19

20

21

22

23

24

25

26

27

28

29

30

---

3 GOALS I FUCKING CRUSHED

IMPORTANT AS HELL

RANDOM SHIT

PERSONAL
CALENDAR

September 2022

MONDAY	TUESDAY	WEDNESDAY	THURSDAY	FRIDAY	SATURDAY	SUNDAY
			1	2	3	4
5	6	7	8	9	10	11
12	13	14	15	16	17	18
19	20	21	22	23	24	25
26	27	28	29	30		

IMPORTANT AS FUCK

NOTES AND SHIT

1

2

3

4

5

6

7

8

9

10

11

12

13

14

15

16

17

18

19

20

21

22

23

24

25

26

27

28

29

30

You are fucking Crushing it!

3 GOALS I FUCKING CRUSHED	IMPORTANT AS HELL

RANDOM SHIT

2022

PERSONAL
CALENDAR

MONDAY	TUESDAY	WEDNESDAY	THURSDAY	FRIDAY	SATURDAY	SUNDAY
					1	2
3	4	5	6	7	8	9
10	11	12	13	14	15	16
17	18	19	20	21	22	23
24	25	26	27	28	29	30
31						

IMPORTANT AS FUCK

NOTES AND SHIT

1

2

3

4

5

6

7

8

9

10

11

12

13

14

15

16

17

18

19

20

21

22

23

24

25

26

27

28

29

30

31

---

3 GOALS I FUCKING CRUSHED	IMPORTANT AS HELL

RANDOM SHIT

PERSONAL
CALENDAR

November 2022

MONDAY	TUESDAY	WEDNESDAY	THURSDAY	FRIDAY	SATURDAY	SUNDAY
	1	2	3	4	5	6
7	8	9	10	11	12	13
14	15	16	17	18	19	20
21	22	23	24	25	26	27
28	29	30				

IMPORTANT AS FUCK

NOTES AND SHIT

1

2

3

4

5

2022

6

7

8

9

10

11

12

13

14

15

16

17

18

19

20

21

22

23

24

25

26

27

28

29

30

You are fucking Crushing it!

3 GOALS I FUCKING CRUSHED	IMPORTANT AS HELL

RANDOM SHIT

2022

MONDAY	TUESDAY	WEDNESDAY	THURSDAY	FRIDAY	SATURDAY	SUNDAY
			1	2	3	4
5	6	7	8	9	10	11
12	13	14	15	16	17	18
19	20	21	22	23	24	25
26	27	28	29	30	31	

IMPORTANT AS FUCK

NOTES AND SHIT

1

2

3

4

5

6

7

8

9

10

11

12

13

14

15

16

17

18

19

20

21

22

23

24

25

26

27

28

29

30

31

---

3 GOALS I FUCKING CRUSHED	IMPORTANT AS HELL

RANDOM SHIT

REMEMBER THIS SHIT

REMEMBER THIS SHIT

REMEMBER THIS SHIT

REMEMBER THIS SHIT

REMEMBER THIS SHIT

THE SHIT IN MY BRAIN

THE SHIT IN MY BRAIN

THE SHIT IN MY BRAIN

THE SHIT IN MY BRAIN

THE SHIT IN MY BRAIN

THE SHIT IN MY BRAIN

THE SHIT IN MY BRAIN

THE SHIT IN MY BRAIN

Made in the USA
Monee, IL
24 July 2022

10236142R00070